Dill

Dill

Die besten Rezepte

© KOMET Verlag GmbH, Köln
www.komet-verlag.de
Covermotiv/Fotografie: TLC Fotostudio
Gesamtherstellung: KOMET Verlag GmbH, Köln
ISBN 978-3-89836-931-2

Inhalt

Einleitung

Dill (lat. *Anethum graveolens*) wurde schon von den Ägyptern der Pharaonenzeit verwendet. So empfiehlt ein altes Rezept, das man im Papyrus Ebers (ca. 1600 v. Chr.) niedergeschrieben fand, den Dill als eine der Zutaten für eine schmerzstillende Arznei, während man sich das Kraut im antiken Griechenland auf die Augen gelegt haben soll, um besser schlafen zu können.

Der Name Dill leitet sich vermutlich vom altnordischen *dylla* ab, was soviel bedeutet wie „lindern". Der Volksname Gurkenkümmel weist auf seinen Nutzen als Kümmelersatz hin.

Die uralte Kulturpflanze braucht im Garten einen sonnigen bis halbschattigen Platz mit nicht zu trockenem, aber gut durchlässigem Boden. In Mitteleuropa findet man manchmal auch verwilderte Dillpflanzen, etwa an Wegrändern, Feldrainen und auf Brachflächen.

Die Blätter des rasch wachsenden Dills können das ganze Jahr fortlaufend bis zum ersten Frost geschnitten werden. Blütenstände sammelt man zum Blühbeginn, die Samen bei beginnender Bräunung im Herbst.

Vom aparten Dill lässt sich fast die gesamte Pflanze in der Küche verwenden. Die feinen Blättchen werden hauptsächlich zum Würzen verwendet, frisch sind sie reich an Vitamin C. Besonders gut passen sie zu Fischgerichten, Salaten und Gemüse, besonders Spargel und Kartoffeln. Getrocknet verliert Dill allerdings schnell Aroma.

In diesem Buch finden sich die besten Rezepte aus der Dill-Welt!
Viel Spaß beim Nachkochen!

Teigsäckchen
mit Spargel und Shrimps

Gefüllter Lachs

Eingelegte Heringe

Gurkenjoghurt

Scones
mit Forellenfilet

Gurken-joghurt

10

Für 6 Portionen
1/2 Salatgurke
1 Schalotte
1/2 Bund glatte Petersilie
1/2 Bund Dill
2 Becher Naturjoghurt
(à 125 g)
1 Msp. gemahlener
Kreuzkümmel
1 Knoblauchzehe
Salz, Pfeffer

Die Gurke waschen, schälen und längs halbieren. Mit einem Löffel die Kerne entfernen und das Gurkenfleisch in kleine Würfel schneiden. Die Schalotte schälen und fein hacken. Die Petersilie und den Dill waschen, trockenschütteln und ebenfalls fein hacken.
Den Joghurt in eine Schüssel geben und mit Kreuzkümmel abschmecken. Die Knoblauchzehe schälen und dazu pressen. Den Joghurt durchrühren, dann mit Gurke, Schalotte und den Kräutern mischen und alles glatt rühren. Zum Schluss mit Salz und Pfeffer abschmecken.

Zubereitungszeit: 15 Minuten

Pro Portion ca. 35 kcal/148 kJ

2 g E, 2 g F, 3 g KH

Teigsäckchen mit Spargel und Shrimps

12

Für 8 Stück

100 g Butter
1 Paket Yufkateig
100 g Schlangengurke
100 g Gouda
250 g weißer Spargel
1 El Olivenöl
Salz
150 g gekochte Shrimps
100 ml Remoulade
2 El frisch gehackter Dill

Den Backofen auf 180 °C (Umluft 160 °C) vorheizen. Die Butter schmelzen. Die Teigblätter in 12 Quadrate mit 10 cm Seitenlänge schneiden und jeweils dünn mit Butter bestreichen. Je 3 Teigstücke übereinander legen und in Muffinförmchen drücken. Im Ofen goldbraun backen. Vorsichtig aus den Förmchen lösen und abkühlen lassen.

Gurke und Gouda würfeln, Spargel schälen und die Enden abschneiden. Gemüse in der Pfanne dünsten, Shrimps mit erwärmen. Mit dem Käse mischen und in die Teigförmchen füllen. Remoulade darüber gießen. Mit Dill bestreut servieren.

Zubereitungszeit: ca. 30 Minuten
(plus Back- und Dünstzeit)
Pro Stück ca. 226 kcal/950 kJ
16 g E, 20 g F, 9 g KH

Garnelen-Lachs-Terrinchen

14

Für 4 Portionen

250 g frisches Lachsfilet
Salz
frisch gemahlener
schwarzer Pfeffer
2 Blatt weiße Gelatine
5 Zweige Dill
2 Scheiben
geräucherter Lachs
3 1/2 El Mayonnaise
3 1/2 El Crème double
Saft von 1/2 Zitrone
40 g gegarte Garnelen
gewaschene Salatblätter
Alufolie
etwas Öl
Klarsichtfolie

Zubereitungszeit: ca. 30 Minuten
(plus Gar- und Kühlzeit)

Pro Portion ca. 183 kcal/768 kJ

17g E, 11g F, 4g KH

Den Backofen auf 160 °C (Umluft 140 °C) vorheizen. Das Lachsfilet salzen und pfeffern und fest in geölte Alufolie einpacken.

Das Päckchen im vorgeheizten Backofen etwa 10 Minuten garen. Folie vorsichtig entfernen und den Sud dabei auffangen, Fisch leicht abkühlen lassen. Inzwischen 4 Gratinförmchen oder Tassen mit kaltem Wasser ausspülen und großzügig mit Klarsichtfolie auslegen.

Gelatine in kaltem Wasser einweichen. Den Dill waschen und trockenschütteln. Jeweils einen kleinen Zweig auf den Boden einer Tasse legen. Den Rest klein hacken und beiseite stellen. Den Dillzweig mit jeweils einem Stück Räucherlachs bedecken.

Den abgekühlten Lachs sehr fein würfeln. Mit Mayonnaise, Crème double, Fischsud, restlichem Dill und Zitronensaft vermischen, Garnelen unterheben. Gelatine ausdrücken und in einem Topf bei geringer Wärme auflösen. Anschließend unter die Fischmasse heben. Die Masse salzen, pfeffern und in die Förmchen verteilen. Förmchen einige Mal etwas aufstampfen, damit die Luft entweichen kann. Die Masse mit der überhängenden Klarsichtfolie abdecken. Terrinen am besten über Nacht im Kühlschrank fest werden lassen. Zum Servieren die Terrinen auf Teller stürzen.

Eingelegte Heringe, süß-sauer

Zitronensaft mit 150 ml Wasser, Zucker und Gewürzen in einen Topf geben und daraus einen Sud kochen. Abkühlen lassen.
Die Matjesfilets gut abtropfen lassen und in Stücke schneiden. Die Zwiebel schälen und hacken, den Porree putzen und in kleine Ringe schneiden. Zwiebel, Porree, Hering und Dill abwechselnd in ein Gefäß schichten. Den Sud gut abseihen und über die Heringe gießen. Vor dem Servieren eine Nacht stehen lassen.

Für 4 Portionen

Saft von 2 Zitronen
150 g Zucker
1 Tl ganze Nelken-
pfefferkörner
1 Tl ganze weiße
Pfefferkörner
2 Lorbeerblätter
6–8 gewässerte
Matjesfilets
1 Zwiebel
1 Stange Porree
1 Bund frisch
gehackter Dill

Zubereitungszeit: ca. 30 Minuten
(plus Zeit zum Marinieren)
Pro Portion ca. 383 kcal/1607 kJ
15 g E, 17 g F, 41 g KH

Räucher-lachs-Röllchen

18

Für 4 Portionen

8 Scheiben geräucherter
Lachs à 30 g
1 El Senf
1 El Honig
frisch gemahlener Pfeffer
1 Bund Dill
4 Eisbergsalat-Blätter
1 Möhre
1 El Zitronensaft
1 Stück frischer
Meerrettich (ca. 1 cm)
Kresse und
Zitronenscheiben
zum Garnieren

Die Lachsscheiben nebeneinander auf eine Arbeitsfläche legen. In einer Schüssel den Senf mit dem Honig und etwas Pfeffer verrühren.

Dill waschen, trockenschütteln und klein hacken. Dill mit der Senf-Honig-Masse vermischen.

Die Lachsscheiben damit bestreichen. Die Salatblätter waschen und abtrocknen, den dicken Rippenansatz entfernen und die Blätter der Länge nach halbieren. Lachsscheiben mit den Salatblattstreifen belegen und aufrollen.

Die Möhre putzen, waschen und mit einem Sparschäler dünne Spiralen abschälen. Möhrenspiralen mit den Lachsröllchen darauf anrichten.

Den Meerrettich frisch darüber reiben und alles mit dem Zitronensaft beträufeln. Mit Kresse und Zitronenscheiben garnieren und servieren.

Zubereitungszeit: ca. 15 Minuten

Pro Portion ca. 131 kcal/551 kJ

13 g E, 4 g F, 10 g KH

Scones mit Forellenfilet

Für 4 Portionen

175 g Mehl
1 1/2 Tl Backpulver
1 Prise Salz
50 g Butter
1 Ei
ca. 3 El Sahne
4–6 Stiele frischer Dill
150 ml saure Sahne
3/4 El frisch geriebener
Meerrettich
175 g Forellenfilet
frisch gemahlener
schwarzer Pfeffer
Forellenkaviar zum
Garnieren
Mehl zum Ausrollen

Zubereitungszeit: 25 Minuten
(plus Backzeit)
Pro Portion ca. 285 kcal/1197 kJ
15g E, 10g F, 33g KH

Den Backofen auf 200 °C (Umluft 180 °C) vorheizen. Mehl, Backpulver und Salz vermischen. Butterstückchen und das verquirlte Ei zugeben. Alles mit so viel Sahne verkneten, dass ein geschmeidiger Teig entsteht. Teig auf einer leicht bemehlten Arbeitsfläche etwa 2 cm dick ausrollen und kleine Formen ausstechen.

Scones auf ein mit Backpapier belegtes Backblech legen und im Backofen ca. 8–10 Minuten goldbraun backen. Herausnehmen und mit einem Tuch bedeckt abkühlen lassen.

Dill waschen, trockenschütteln und bis auf einen Rest zum Garnieren klein hacken. Scones waagerecht halbieren. Saure Sahne mit Meerrettich und dem fein gehackten Dill verrühren. Scones damit bestreichen.

Das Forellenfilet in etwa 20 Portionen schneiden. Auf den Scones verteilen und mit etwas Pfeffer bestreuen. Mit Kaviar und restlichem Dill garniert servieren.

Gefüllter Lachs

Für 4 Portionen
12 Salatblätter
z. B. grüner Salat
Radicchio
oder Lollo rosso
150 ml Sahne
1 El Zitronensaft
4 Tl Meerrettich
(aus dem Glas)
350 g Krebsfleisch
Salz
Pfeffer
8 Scheiben Räucherlachs
einige Dillzweige

Die Salatblätter waschen, gut trockentupfen und auf vier Teller verteilen.
Die Sahne steif schlagen, mit Zitronensaft abschmecken und mit dem Meerrettich mischen.
Das Krebsfleisch unter die Meerrettichsahne heben und mit Salz und Pfeffer abschmecken.
Die Krebsfleischmischung auf den Lachsscheiben verteilen, diese zusammenrollen und mit Zahnstochern feststecken. Auf Teller verteilen und mit Dill garnieren.

Zubereitungszeit: ca. 20 Minuten
Pro Portion ca. 240 kcal/1009 kJ
25 g E, 15 g F, 3 g KH

22

Wildspargel
mit Kirschtomaten

Artischocken-
salat

Zucchinisalat mit Melone

Portugiesischer Salat

Flusskrebs-Salat

Muschelsalat

Portugie-
sischer Salat

Zutaten für 4 Personen

2 große feste Tomaten
2 grüne Paprika
3 Möhren
1 Gemüsezwiebel
1 Ei
1 Bund Petersilie
5 Radieschen
1 Kopfsalat
1 El frisch gehackter Dill
5 El Öl
5 El Essig
Salz, Pfeffer

Die Tomaten waschen, vom Stielansatz befreien und in Scheiben schneiden. Die Paprikaschoten putzen, waschen, entkernen und in Streifen schneiden. Die Möhren schälen und reiben. Die Gemüsezwiebel schälen und in dünne Ringe schneiden. Das Ei hart kochen, pellen und in Scheiben schneiden. Petersilie waschen und hacken. Radieschen in Scheiben schneiden. Den Kopfsalat waschen, trockenschleudern und die Blätter zerpflücken.

Das Gemüse in eine Salatschüssel geben. Aus den restlichen Zutaten eine Salatsauce rühren, darüber gießen und unterrühren. Mit Eischeiben belegen und mit Petersilie bestreuen.

Zubereitungszeit: 20 Minuten

Pro Portion ca. 113 kcal/474 kJ

4 g E, 7 g F, 6 g KH

Artischocken-salat

Für 4 Portionen

350 g Artischockenböden
aus der Dose
400 g Romana-Salat
5 Eiertomaten
100 g gehobelter
Parmesan
1/4 Bund Dill
1/4 Bund Petersilie
2 getrocknete Tomaten
in Öl
1 Knoblauchzehe
1 El Kapern
6 schwarze Oliven
ohne Stein
2 El Aceto balsamico
75 ml Olivenöl
1 Prise Zucker
Pfeffer
20 g Trüffel aus dem Glas

Die Artischockenböden in einem Sieb abtropfen lassen und in Stücke schneiden.

Den Romana-Salat putzen, waschen, trockenschleudern und in Stücke zupfen. Die Tomaten putzen, waschen, halbieren und in schmale Spalten schneiden.

Den Parmesan mit den Salatzutaten in eine Schüssel geben und alles mischen.

Die Kräuter waschen, trocknen und fein hacken. Die Kräuter mit den Tomaten, der geschälten Knoblauchzehe, Kapern und Oliven im Mixer pürieren. Aceto und Öl dazugeben und zu einer glatten Paste verrühren. Mit Zucker und Pfeffer abschmecken.

Die Trüffel in dünne Scheiben schneiden. Die Salatzutaten auf Tellern anrichten und mit der Sauce beträufeln. Mit Trüffelscheiben garniert servieren.

Zubereitungszeit: ca. 20 Minuten

Pro Portion ca. 244 kcal/1024 kJ

5 g E, 22 g F, 8 g KH

Wildspargel mit Kirsch- tomaten

30

Den Wildspargel waschen, Enden abschneiden und die Stangen in 3 cm lange Stücke schneiden. Die Kirschtomaten halbieren. Dill waschen, trocknen und fein hacken. Spargelstücke in kochendem Salzwasser etwa 6 Minuten garen, dann abgießen und gut abtropfen lassen. Mit den Kirschtomaten in einer Schüssel mischen. Öl und Essig miteinander verrühren und mit Salz und Pfeffer würzen. Die Salatsauce über das Gemüse geben und den Dill unterheben. Salatblätter waschen, trocknen und auf Teller verteilen, Salat darauf anrichten.

Für 4 Portionen
600 g Wildspargel
200 g Kirschtomaten
1 Bund Dill
3 El Olivenöl
3 El Weißwein-Essig
Salz
Pfeffer
4 große Salatblätter

Zubereitungszeit: ca. 20 Minuten (plus Garzeit)

Pro Portion ca. 73 kcal/307 kJ

4 g E, 4 g F, 5 g KH

Zucchinisalat mit Melone

Die Cantaloupe-Melone schälen und die Kerne entfernen. Die Zucchini putzen und waschen, die Gurke schälen. Alles in kleine Würfel schneiden, mit dem Saft einer halben Zitrone beträufeln und beiseite stellen.
Die Peperoni abtropfen lassen, in Ringe schneiden und unterheben.
Aus Joghurt, Öl, restlichem Zitronensaft, Kräutern und Salz ein Salatdressing herstellen und den Zucchini-Melonen-Salat damit überziehen.
Gut durchrühren, anrichten und servieren.

Für 4 Portionen
1 Cantaloupe-Melone
1/2 Zucchini
1/2 Schlangengurke
Saft von 1 Zitrone
2 mild eingelegte
Peperoni
125 g Naturjoghurt
2 El Pflanzenöl
2 El frisch gehackte
Kräuter
(z. B. Dill oder
Zitronenmelisse)
Salz

Zubereitungszeit: ca. 20 Minuten

Pro Portion ca. 96 kcal/402 kJ

2 g E, 7 g F, 5 g KH

32

Gurkensalat mit Joghurt-sauce

Die Gurken schälen und in kleine Würfel schneiden. Die Gurkenwürfel in ein Sieb geben und mit Salz bestreuen, sodass die entstehende Flüssigkeit abtropfen kann.

Den Joghurt mit so viel Wasser verrühren, dass er weder zu dick noch zu flüssig ist, sondern schön cremig.

Die Knoblauchzehen schälen und mit etwas Salz zerdrücken.

Die abgetropften Gurken in einer Schüssel mit den restlichen Zutaten mischen. Mit Minze garniert servieren.

Für 4 Portionen

2 große Salatgurken
Salz
500 g Joghurt
1–2 Knoblauchzehen
1 El Olivenöl
1 El Essig
1 Tl Minze
1 Bund gehackter
frischer Dill

Zubereitungszeit: ca. 20 Minuten

Pro Portion ca. 184 kcal/736 kJ

5 g E, 15 g F, 7 g KH

34

Flusskrebs-Salat

36

Für 4 Portionen

250 g Romanesco
250 g Brokkoli
100 g grüne Bohnen
Salz
4 Baby-Ananas
2 Orangen
4 Mandarinen
150 g Staudensellerie
1/2 Bund Estragon
1/2 Bund Dill
125 ml Olivenöl
4 El Zitronensaft
400 g Flusskrebsfleisch
aus der Dose
Pfeffer
Worcestersauce

Romanesco und Brokkoli putzen, waschen und in Röschen teilen. Die Bohnen putzen, waschen und in Stücke schneiden. Alles ca. 3 Minuten in Salzwasser blanchieren. Abgießen, abschrecken und abtropfen lassen. In der Zwischenzeit von den Baby-Ananas die Deckel abschneiden und die Früchte aushöhlen. Das Fruchtfleisch klein schneiden. Orangen und Mandarinen schälen, die weiße Haut entfernen und die einzelnen Filets heraustrennen.
Den Staudensellerie putzen, waschen und in Stücke schneiden. Die Früchte und den Staudensellerie mit dem Romanesco und dem Brokkoli in eine Schüssel geben und vermengen. Die Kräuter waschen, trocknen und fein hacken. Mit dem Öl und dem Zitronensaft mischen. Das Flusskrebsfleisch in Stücke schneiden und ebenfalls unterrühren. Alles mit Salz, Pfeffer und Worcestersauce abschmecken. Den Salat portionsweise in die Ananas füllen und servieren.

Zubereitungszeit: ca. 20 Minuten
Pro Portion ca. 505 kcal/2112 kJ
21 g E, 33 g F, 27 g KH

Kartoffel-Fisch-Salat

38

Für 4 Portionen

500 g Kartoffeln
Salz
1 Bund Frühlingszwiebeln
150 g Zuckerschoten
3 El Pfefferbutter
400 g Makrelenfilet
4 El Sherry-Essig
3 El Rotwein
3 El Walnussöl
Salz
Pfeffer aus der Mühle
1/2 Bund Dill

Die Kartoffeln schälen und in leicht gesalzenem Wasser ca. 15 Minuten garen. Die Frühlingszwiebeln putzen, waschen und in Ringe schneiden.

Die Zuckerschoten putzen, waschen und trocknen. Die Pfefferbutter in einer Pfanne erhitzen und die Frühlingszwiebeln mit den Zuckerschoten darin andünsten.

Die Makrelenfilets in Stücke schneiden. Den Essig mit dem Rotwein und dem Walnussöl verrühren. Mit Salz und Pfeffer abschmecken.

Den Dill waschen, trocknen und die einzelnen Fähnchen abzupfen.

Die Kartoffeln abgießen, pellen und in Scheiben schneiden.

Das Gemüse mit den Kartoffeln und dem Fisch auf Tellern anrichten. Den Salat mit der Sauce beträufeln und mit Dill garnieren.

Zubereitungszeit: ca. 35 Minuten

Pro Portion ca. 431 kcal/1812 kJ

12 g E, 14 g F, 18

Muschelsalat

40

Für 4 Portionen

400 g Jakobsmuscheln,
nach Geschmack
mit Corail
Salz
Pfeffer
Zitronensaft
250 ml Fischfond
400 g Steinpilze
1/2 Bund
Frühlingszwiebeln
3 El Butter
1 El frisch gehackter Dill
1 El Weißwein-Essig
3 El Sonnenblumenöl
1 kleiner Eisbergsalat
1 El Schnittlauchröllchen

Zubereitungszeit: ca. 30 Minuten
(plus Schmorzeit)
Pro Portion ca. 209 kcal/878 kJ
13 g E, 14 g F, 9 g KH

Das Muschelfleisch aus den Schalen lösen, Corail vom Fleisch trennen. Das Muschelfleisch und Corail klein schneiden, mit Salz und Pfeffer würzen und mit Zitronensaft beträufeln. Fischfond in einem Topf aufkochen und Corail und Muschelfleisch darin kurz ziehen lassen. Herausnehmen und abkühlen lassen.

Steinpilze putzen und klein schneiden. Frühlingszwiebeln putzen und in feine Ringe schneiden. Butter in einer Pfanne erhitzen und Pilze mit Zwiebeln darin kurz andünsten. Würzen und den Dill unterheben.

Für das Salatdressing 1 El Weinessig mit Salz und Pfeffer würzen und das Öl langsam darunter mischen.

Einige Blätter vom Salat beiseite legen. Den Rest Eisbergsalat in kleine Stücke zupfen. Eine Schüssel mit den Blättern auslegen.

Abwechselnd Muschelfleisch, Corail, Salat und Pilz-Zwiebel-Mischung hineinschichten. Mit dem Dressing überziehen und mit Schnittlauchröllchen garnieren. Dazu Fladenbrot reichen.

Westfälischer Kartoffelsalat

Kartoffelcreme mit Mandeln

Kartoffeln

Kartoffelpüree
mit Kräutern

Griechischer
Kartoffelsalat

Kartoffelschiffchen

Westfälischer Kartoffelsalat

Für 4 Portionen

1 kg fest kochende
Kartoffeln
3 Eier
3 Zwiebeln
1 Salatgurke
1 Bund Schnittlauch
1/2 Bund Dill
250 ml Sahne
etwas Essig
Salz
Pfeffer
Zucker

Die Kartoffeln waschen, sauber bürsten und in der Schale etwa 20 Minuten gar kochen. Anschließend abgießen, etwas abkühlen lassen und pellen. Die Eier hart kochen, abschrecken, pellen und in Scheiben schneiden.

Die ausgekühlten Kartoffeln ebenfalls in Scheiben schneiden. Die Zwiebeln schälen und fein würfeln. Die Gurke waschen, eventuell schälen und in dünne Scheiben hobeln. Den Schnittlauch und den Dill waschen, trockenschütteln und fein hacken.

Die Sahne halbsteif schlagen, mit Essig, Salz, Pfeffer und Zucker kräftig abschmecken. Alle Zutaten mit der Sauce mischen und gut durchziehen lassen.

Zubereitungszeit: ca. 50 Minuten

Pro Portion ca. 450 kcal/1890 kJ

1 g E, 24 g F, 3 g KH

44

Kartoffel- creme mit Mandeln

Für 4 Portionen

500 g mehlig kochende
Kartoffeln
150 g gehackte Mandeln
50 g Butter
1 Bund Dill
1/2 Salatgurke
Salz
Pfeffer
frisch geriebene
Muskatnuss

Die Kartoffeln waschen und mit Schale im Backofen bei 200°C (Umluft 180°C) 40 Minuten garen.

Währenddessen die Mandeln in 1 El Butter hellbraun rösten, sofort aus der Pfanne nehmen und auskühlen lassen. Die eine Hälfte der Mandeln pürieren, die andere grob hacken.

Den Dill ebenfalls grob hacken, die Salatgurke schälen, längs halbieren und mit einem Teelöffel die Kerne herauskratzen. Die Gurke in sehr kleine Würfel schneiden.

Die Kartoffeln kurz abkühlen lassen, halbieren und mit einem kleinen Löffel auskratzen.

Die Kartoffelmasse und die restliche Butter mit einer Gabel verkneten. Mit gehackten und pürierten Mandeln mischen, vorsichtig Gurkenwürfel und Dill unterziehen. Mit Salz, Pfeffer und Muskat abschmecken.

Zubereitungszeit: 25 Minuten

Pro Portion ca. 402 kcal/1688 kJ

10 g E, 31 g F, 21 g KH

Kartoffel-schiffchen

Für 16–20 Stücke

Für die Schiffchen:
1 kg mehlig kochende
Kartoffeln
Salz
frisch geriebene
Muskatnuss
190–210 g Mehl
5–6 El Rapsöl
Für die Füllungen:
1 Stange Lauch
20 g Butter
50 g klein gewürfelter
roher Schinken
2 Eier
200 ml Sahne
100 g Räucherlachs
1 El geriebener
Meerrettich
1 El frisch gehackter Dill
frisch gemahlener Pfeffer
Hartkäse zum Garnieren

Zubereitungszeit: ca. 45 Minuten

Pro Stück ca. 159 kcal/665 kJ

5 g E, 8 g F, 15 g KH

Kartoffeln waschen und mit der Schale kochen. Pellen und noch heiß durch eine Kartoffelpresse drücken. Abkühlen lassen und mit Salz und Muskat würzen. So viel Mehl und Öl unterkneten, bis ein fester, gut formbarer Teig entsteht. Den Teig zu einer Kugel formen und etwa 2 Stunden ruhen lassen.

1. Füllung:
Lauch putzen, halbieren, gründlich waschen und in feine Streifen schneiden. In Butter anschwitzen, Schinkenwürfel hinzufügen und wenige Minuten garen. 1 Ei und 100 ml Sahne verquirlen und mit der abgekühlten Lauchmischung vermengen. Mit Salz und Muskat würzen.

2. Füllung:
Räucherlachs in kleine Würfel schneiden. Die restliche Sahne und das zweite Ei verquirlen. Räucherlachs mit Meerrettich und Dill unter die Eier-Sahne mischen. Mit Salz und Pfeffer würzen.

Backofen auf 200 °C (Umluft 180 °C) vorheizen. Den Kartoffelteig auf einem bemehlten Backbrett 3 mm dick ausrollen und kleine gefettete Förmchen (Schiffchen oder runde Förmchen) damit auskleiden.

Eine Hälfte mit Lauchmasse, die andere mit Lachsmischung füllen, im heißen Ofen in etwa 20 Minuten goldgelb backen. Die Kartoffelschiffchen mit gehobeltem Hartkäse servieren.

Kartoffel- püree mit Kräutern

50

Für 4 Portionen

1 kg Kartoffeln
Salz
2 El frisch gehackter Dill
300 ml Sahne
40 g Butter
Pfeffer

Die Kartoffeln mit Schale in Salzwasser etwa 20 Minuten garen, abgießen, ausdampfen lassen und pellen. Anschließend zerstampfen oder durch die Kartoffelpresse drücken.
Den Dill waschen, trockenschütteln und fein wiegen.
Die Sahne erhitzen und die Butter darin schmelzen. Die Butter-Sahne zum Kartoffelpüree geben und gut unterrühren.
Anschließend das Püree mit Salz und Pfeffer würzen und mit dem Schneebesen schaumig schlagen. Zuletzt die gehackten Kräuter unterheben.

Zubereitungszeit: ca. 20 Minuten (plus Garzeit)

Pro Portion ca. 483 kcal/2024 kJ

7 g E, 32 g F, 40 g KH

Griechischer Kartoffelsalat

Für 4 Portionen

500 g Kartoffeln
Salz
5 Frühlingszwiebeln
150 g Schafskäse
1 El Kapern
80 g schwarze
entsteinte Oliven
3 El gehackter frischer
Schnittlauch
2 El gehackte
frische Minze
100 ml Olivenöl
Saft von 1 Zitrone
3 El Joghurt
3 El gehackter
frischer Dill
1 Tl Senf
Pfeffer

Die Kartoffeln waschen und in kochendem Salzwasser etwa 20 Minuten bissfest garen. Abgießen, ausdampfen und abkühlen lassen. Dann pellen und in Scheiben schneiden.

Die Frühlingszwiebeln putzen, waschen und fein hacken.

Den Schafskäse in Würfel schneiden. Kartoffeln, Frühlingszwiebeln, Schafskäse, Kapern, Oliven und alle Kräuter bis auf den Dill in eine Schüssel geben und alles gut vermischen.

Für das Dressing Olivenöl mit Zitronensaft vermischen. Joghurt, Dill und Senf zufügen und alles zu einer dicken Creme verrühren.

Die Salatcreme mit Salz und Pfeffer abschmecken und über den Kartoffelsalat geben. Alles gründlich mischen, bis die Kartoffeln mit der Salatsauce überzogen sind.

Zubereitungszeit: ca. 20 Minuten (plus Garzeit)

Pro Portion ca. 380 kcal/1596 kJ

13 g E, 25 g F, 26 g KH

Spaghetti mit Lachs und Zitronensauce

Safrannudeln

Tagliatelle mit Räucherlachs

Nudelauflauf

Grüner Pastasalat

Makkaronisalat

Spaghetti mit Lachs und Zitronensauce

56

Für 4 Portionen

400 g Spaghetti
Salz
300 g Lachsfilet
1 Bund Dill
4 Eigelb
abgeriebene Schale von
1 unbehandelten Zitrone
1 El Zitronensaft
4 El Weißwein
1 Tl Zucker
Pfeffer
120 g Butter

Spaghetti in reichlich kochendem Salzwasser nach Packungsanweisung garen.

Den Lachs in Streifen, dann in mundgerechte Stücke schneiden.

Den Dill waschen, trockenschütteln und fein hacken.

Eigelb mit Zitronenschale und -saft, Weißwein, Zucker, Salz und Pfeffer in einem Topf mit dem Schneebesen verrühren. Dann bei milder Hitze zu einer dicklichen Creme aufschlagen. Die eiskalte Butter in Würfel schneiden und nach und nach unter die Sauce rühren. Den Dill unterziehen, die Sauce eventuell nachwürzen.

Spaghetti abgießen und tropfnass in den Topf zurückgeben. Lachsstücke unter die Nudeln mischen und darin vorsichtig 3 Minuten schwenken. Nudeln mit der Sauce servieren.

Zubereitungszeit: ca. 30 Minuten

Pro Portion ca. 706 kcal/2953 kJ

27 g E, 43 g F, 44 g KH

Safrannudeln mit Miesmuscheln

58

Für 4 Portionen

1 kg Miesmuscheln
2 Schalotten
2 El Olivenöl
1 Knoblauchzehe
500 ml trockener Weißwein
100 g Suppengemüse
1/2 Bund Dill
1/2 Bund Petersilie
Salz
weißer Pfeffer
250 g Tomaten
400 g Bandnudeln
1 Bouquet garni
(z. B. Thymian, Lorbeer)
1 Prise Zucker
20 g Butter
1 Päckchen Safranfäden
2 El gehackte Petersilie

Zubereitungszeit:
ca. 45 Minuten (plus Garzeit)
Pro Portion ca. 442 kcal/1850 kJ
20g E, 6g F, 77g KH

Muscheln unter fließendem, kaltem Wasser gründlich säubern. Geöffnete Muscheln wegwerfen.

Schalotte fein würfeln und in 1/2 El Olivenöl andünsten. Eine halbe zerdrückte Knoblauchzehe und die Muscheln dazugeben und mit Wein und Wasser auffüllen.

Geputztes, gewürfeltes Suppengemüse, gewaschene Kräuter, Salz und Pfeffer hinzufügen und ca. 8–10 Minuten zugedeckt köcheln. Sud abseihen und einreduzieren. Muscheln, die sich nicht geöffnet haben, wegwerfen. Geöffnete Muscheln aus den Schalen nehmen und im einreduzierten Sud warm stellen.

Tomaten kreuzweise einritzen, Strunk entfernen, mit kochendem Wasser überbrühen, häuten und entkernen. Das Fruchtfleisch würfeln. Nudeln nach Packungshinweisen zubereiten, abgießen, abtropfen lassen und mit 1 El Olivenöl vermengen.

In einer Pfanne 1/2 El Olivenöl erwärmen. Die sehr fein geschnittene Schalotte und den restlichen zerdrückten Knoblauch darin andünsten. Tomaten und das Bouquet garni in die Pfanne geben und bei kleiner Hitze einkochen lassen. Kräuter entfernen und die Sauce mit Salz, Pfeffer und 1 Prise Zucker abschmecken.

Bandnudeln in Butter schwenken. Safranfäden, Muschelfleisch und Tomatensauce unterheben, und alles nochmals abschmecken. Mit gehackter Petersilie bestreut servieren.

Tagliatelle mit Räucher- lachs

Die Nudeln nach Packungsanweisung in reichlich Salzwasser bissfest garen. Abgießen und abtropfen lassen. Den Dill waschen und trocknen, 2 Zweige grob hacken.

Die Sahne mit dem Wermut und einem Dillzweig sämig einkochen lassen. Dillzweig entfernen und die Sauce mit Salz, Cayennepfeffer und schwarzem Pfeffer abschmecken.

Den Räucherlachs in Scheiben schnei- den und mit dem gehackten Dill unter die Sauce mischen. Die Nudeln mit der Sauce mischen und servieren.

Für 4 Portionen

400 g schwarze Tagliatelle

Salz

3 Zweige Dill

500 ml Sahne

4 cl Noilly Prat

Cayennepfeffer

Pfeffer

400 g Räucherlachs

Zubereitungszeit: ca. 30 Minuten

Pro Portion ca. 855 kcal/3591 kJ

35 g E, 47 g F, 73 g KH

Makkaroni-salat

Für 4 Portionen

150 g Makkaroni
250 g Spargel
1 große rote Paprikaschote
1/2 mittelgroße Zwiebel
200 g gekochter Lachs
ohne Haut
125 g fettarmer
Hüttenkäse
2 El Zitronensaft
2–3 Spritzer Tabasco
1–2 El gehackter Dill
15 Cherrytomaten
5 Eiertomaten
1 Schlangengurke

Nudeln nach Packungsanweisung bissfest garen. Abgießen, abtropfen lassen und zurück in den Topf geben. Frischen Spargel schälen und die holzigen Enden abschneiden. Paprika waschen, putzen und in Würfel schneiden. Zwiebel schälen und fein hacken. In einem Spargeltopf den Spargel etwa 10–12 Minuten in wenig kochendem Wasser dämpfen. Spargel diagonal in mundgerechte Stücke schneiden. Lachs in Stücke schneiden und mit den übrigen Salatzutaten mischen. Aus Hüttenkäse, Zitronensaft und Tabasco im Mixer eine cremige Sauce herstellen. Zuletzt den Dill dazugeben. Dressing unter den Salat rühren. Abgedeckt einige Zeit kühl stellen. Tomaten waschen, Stielansätze entfernen und das Fruchtfleisch halbieren bzw. in Scheiben schneiden. Gurke schälen und in Stifte schneiden. Nudelsalat auf Teller anrichten und mit Tomaten und Gurken garniert anrichten.

Zubereitungszeit: ca. 40 Minuten

Pro Portion ca. 146 kcal/610 kJ

12 g E, 2 g F, 21 g KH

Grüner Pastasalat

64

Für 4 Portionen

Salz
250 g Gabelspaghetti
100 g Zuckerschoten
1 rote Paprika
1 Bund Frühlingszwiebeln
1/2 Bund Dill
1/2 Bund Basilikum
1 Bund glatte Petersilie
4 El Joghurt
4 El Sahne
1 El Meerrettich
Pfeffer

Zubereitungszeit: ca. 30 Minuten
Pro Portion ca. 255 kcal/1071 kJ
10 g E, 2 g F, 48 g KH

In einem Topf 3 l Salzwasser zum Kochen bringen. Die Nudeln darin nach Packungsanweisung bissfest garen. Zeitgleich in einem anderen Topf 2 l Salzwasser zum Kochen bringen. Die Zuckerschoten waschen, die Enden abschneiden und die Schoten im kochenden Wasser kurz blanchieren. In ein Sieb gießen, unter kaltem Wasser abschrecken und abtropfen lassen.

Die Paprika putzen, waschen, halbieren, entkernen und klein schneiden. Die Frühlingszwiebeln putzen, waschen und in feine Ringe schneiden.

Die Kräuter waschen, trocknen und fein hacken.

Die Nudeln abgießen und abtropfen lassen. Den Joghurt mit Sahne und Meerrettich verrühren. Mit Salz und Pfeffer abschmecken.

Das Dressing mit dem Gemüse vermischen. Die Nudeln unterheben und den Salat lauwarm servieren.

Nudelauflauf mit Räucher-lachs

66

Für 4 Portionen

200 g Hörnchennudeln
80 g Butter
30 g Mehl
250 ml Milch
250 ml Sahne
80 g geriebener
Emmentaler
Salz
Pfeffer
1 El gehackter Dill
1 El gehackte Petersilie
400 g Räucherfisch
2 Äpfel
Saft von 1 Zitrone

Die Nudeln in reichlich Salzwasser bissfest garen, abgießen und abtropfen lassen. Den Backofen auf 200 °C (Umluft 180 °C) vorheizen.

50 g Butter in einer Pfanne zerlassen und unter Rühren das Mehl einstreuen. Einmal aufschäumen lassen, dann Milch und Sahne aufgießen. Gründlich verrühren und gut durchkochen lassen. 50 g Käse hinzufügen und mit Salz, Pfeffer und Kräutern würzen.

Den Fisch häuten, entgräten und in kleine Stücke zerpflücken. Die Äpfel schälen, vierteln und ohne Kerngehäuse in Scheibchen schneiden. Beides mit den Nudeln vermischen, die Sauce unterziehen und mit Salz, Pfeffer und Zitronensaft würzen. Die Mischung in eine gefettete Auflaufform füllen, die restliche Butter in Flöckchen darüber verteilen und auf der mittleren Schiene in etwa 20–30 Minuten goldbraun backen.

Zubereitungszeit: ca. 30 Minuten (plus Garzeit)

Pro Portion ca. 790 kcal/3318 kJ

37 g E, 47 g F, 55 g KH

Gurkengemüse

Spargel
mit Gemüseragout

Gefüllte Zucchiniblüten

Spargelrisotto mit Scampi

Spargel mit Kräutercreme

Gurken-gemüse

Für 4 Portionen

1 große Schlangengurke
1 1/4 Tl Salz
1 Chilischote
1 1/2 El Sesamöl
1 El gehackter frischer Schnittlauch
1 El gehackter frischer Dill
2 El helle Sojasauce
1 Tl Zucker
1 El gemahlener Sesam

Die Gurke schälen und längs halbieren. Die Kerne mit einem Löffel herausschaben. Die Gurkenhälften in Scheiben schneiden und mit Salz bestreuen. Nach etwa 15 Minuten die Gurkenstücke waschen, in einem Sieb abtropfen lassen und trockentupfen. Chilischote in Ringe schneiden.
Das Öl in einem Topf erhitzen. Die Gurkenscheiben mit den Kräutern im Topf bei mittlerer Temperatur weich schmoren.
Dann mit Sojasauce, Chiliringen und Zucker würzen und pikant abschmecken. Das Gurkengemüse mit Sesam bestreut servieren.
Es schmeckt als kalte oder warme Beilage.

Zubereitungszeit: 20 Minuten (plus Schmorzeit)

Pro Portion ca. 25 kcal/103 kJ

1 g E · 2 g F · 2 g KH

Gefüllte Zucchini- blüten

Die Staubgefäße und Stempel aus den Zucchiniblüten schneiden. Die Kelchblätter abzupfen und die Blüten vorsichtig waschen.

Den Reis waschen, dann abtropfen lassen. Zwiebel schälen und fein hacken. Die Kräuter waschen, trocken- schütteln und ebenfalls fein hacken. Reis, Zwiebel, Kräuter, Tomatenmark und Olivenöl mischen und mit Salz und Pfeffer abschmecken.

In jede Zucchiniblüte etwa 1 Teelöffel der Füllung geben. Die Blütenränder verschließen.

Die gefüllten Blüten dicht neben- einander in einen Topf legen. Wasser dazugeben, sodass die Blüten knapp damit bedeckt sind. Die Blüten bei mittlerer Temperatur etwa 30 Minuten garen. Eventuell Wasser nachfüllen.

Für 4–5 Portionen
8–10 Zucchiniblüten
80 g Langkornreis
1 Zwiebel
1/2 Bund Dill
1/2 Bund Minze
8 El Tomatenmark
2 El Olivenöl
Salz
Pfeffer

72

Zubereitungszeit: ca. 20 Minuten (plus Garzeit)

Pro Portion ca. 148 kcal/620 kJ

3 g E, 6 g F, 20 g KH

Spargel mit Gemüseragout

Für 4 Portionen

1,5 kg weißer Spargel
Salz
1 El Butter
2 El Orangensaft
350 g Pfifferlinge
1 El Öl
250 g Mungo-
bohnensprossen
6 El Crème fraîche
Pfeffer
je 2 El frisch gehackter Dill
und Schnittlauch
2 El frisch gehackte
Petersilie

Den Spargel waschen, schälen, die Enden abschneiden und die Stangen in kochendem Salzwasser mit der Butter und dem Orangensaft bissfest garen, dann herausnehmen, abtropfen lassen und warm stellen. Kochsud aufbewahren.

Die Pfifferlinge putzen, waschen und abtropfen lassen. Öl in einer Pfanne erhitzen und die Pilze darin kurz andünsten. 250 ml Spargelfond zugeben und aufkochen lassen. Die Bohnensprossen waschen und zu den Pilzen geben. Alles etwa 5 Minuten köcheln. Zuletzt die Crème fraîche mit den Kräutern in das Gemüseragout rühren und mit Salz und Pfeffer abschmecken. Spargel mit Gemüse anrichten, dazu Kartoffeln reichen.

Zubereitungszeit: ca. 30 Minuten (plus Garzeit)

Pro Portion ca. 178 kcal/748 kJ

11 g E, 10 g F, 10 g KH

Spargel mit Kräuter- creme

76

Für 4 Portionen

725 g weißer Spargel
Salz
125 g Mehl
150 ml helles Bier
1 Ei
1 El Öl
2 Eigelb
1 Tl Senf
je 3 El Keimöl
Magerquark
1 Knoblauchzehe
5 El frisch gehackte
gemischte Kräuter
(Petersilie, Dill,
Schnittlauch)
Pfeffer, Zitronensaft
Frittieröl

Spargel schälen, holzige Enden abschneiden und die Stangen in etwa 5 cm lange Stücke schneiden. In kochendem Salzwasser bissfest garen, herausnehmen und abtropfen lassen. Auf Küchenpapier trocknen. Mehl und Bier verrühren. Das Ei trennen, das Eigelb hinzufügen und mit Salz würzen. Zuletzt das Öl hineinschlagen. Den Teig etwa 30 Minuten ruhen lassen. Das Eiweiß steif schlagen und unter den Teig heben.

Für die Kräutercreme das Eigelb mit dem Senf verrühren, nach und nach das Öl und den Magerquark unterrühren, bis eine sämige Mayonnaise entstanden ist. Knoblauch schälen und fein hacken. Knoblauch und gehackte Kräuter unterziehen und die Creme mit Knoblauch, Pfeffer und Zitronensaft würzen. Bis zum Servieren kühlen. Das Frittieröl in einem Topf oder der Fritteuse auf 180 °C erhitzen. Die Spargelstücke in den Bierteig tauchen und im heißen Fett goldgelb ausbacken. Mit Paprikapulver bestreuen und mit Kräutercreme servieren.

Zubereitungszeit: ca. 30 Minuten
(plus Gar- und Frittierzeit)
Pro Portion ca. 188 kcal/790 kJ
10 g E, 2 g F, 28 g KH

Spargelrisotto mit Scampi

Für 4 Portionen

500 g grüner Spargel
2 Schalotten
20 Scampi
2 El Olivenöl
200 g Arborioreis
500 ml Gemüsebrühe
125 ml Weißwein
20 g Butter
Pfeffer
1 Tl frische Estragonblätter
1 El Zitronensaft
30 g frisch geriebener Parmesan
1 El frisch gehackter Dill

Den Spargel waschen, schälen, die Enden abschneiden. Spargel in etwa 4 cm lange Stücke schneiden und etwa 5 Minuten garen. Spargelstücke herausnehmen, 650 ml Kochwasser abmessen. Die Schalotten schälen und fein hacken. Das Öl in einem Topf erhitzen und die Schalotten darin andünsten. Den Reis hinzufügen und unter Rühren mit Fett überziehen. Wein und 200 ml Spargelfond angießen und so lange rühren, bis der Reis die Flüssigkeit aufgesogen hat. Nach und nach restliche Flüssigkeit zugeben. Nach 10 Minuten Garzeit Spargel unterheben.

Die Scampi waschen, aus den Schalen brechen und den Darm entfernen. Scampi in kochendem Wasser garen, bis sie sich rosa verfärben. Zuletzt unter das Risotto heben. Estragon und Zitronensaft einrühren. Das Risotto mit Parmesan bestreuen und mit Dill servieren.

Zubereitungszeit: ca. 30 Minuten
(plus Gar- und Kochzeit)
Pro Portion ca. 358 kcal/1501 kJ
9 g E, 14 g F, 44 g KH

78

Goldbarsch
mit Spargel-Dill-Gemüse

Gespickter Hecht

Heringsstipp Ratsherrenart

Fisch-Kräuter-Plätzchen

Forelle in Butter

Goldbarsch mit Spargel-Dill-Gemüse

82

Für 4 Portionen
750 g Spargel
Salz
1 Prise Zucker
3 El Butter
1 Karotte
1 Bund Dill
1 Schalotte
4 Goldbarschfilets
(á 120 g)
150 ml Sahne
1 Eigelb
Pfeffer

Den Spargel schälen, die Enden abschneiden und in kochendem Salzwasser mit etwas Zucker und 1 Tl Butter bissfest garen.
Karotte schälen, halbieren und in dünne Streifen schneiden. In kochendem Salzwasser kurz blanchieren, dann abgießen und abtropfen lassen.
Dill waschen, trockenschütteln und fein hacken. Schalotte schälen und würfeln. Fischfilets in eine Pfanne mit restlicher Butter und etwas Wasser geben, aufkochen und die Pfanne vom Herd nehmen. Sahne steif schlagen und mit dem Eigelb verrühren.
Den Spargel mit den Karottenstreifen, dem Dill und etwas Fischkochsud in einer Pfanne erhitzen, mit Salz und Pfeffer abschmecken. Sahne-Eigelb unterheben und aufkochen lassen. Fisch mit dem Spargel-Dill-Gemüse servieren. Dazu schmeckt Reis.

Zubereitungszeit: ca. 40 Minuten
(plus Gar- und Kochzeit)
Pro Portion ca. 285 kcal/1197 kJ
28 g E, 16 g F, 6 g KH

Heringsstipp Ratsherrenart

34

Für 4 Portionen

150 g rote Zwiebeln
120 g Gewürzgurken
250 g saure Heringsfilets
1 Apfel
1/2 Bund Dill
150 g Crème fraîche
150 g Naturjoghurt
Meerrettich
Senf
Salz
Pfeffer
Zucker

Die Zwiebeln schälen und in feine Ringe schneiden. Gurken abtropfen lassen und in feine Scheiben schneiden. Die abgetropften Heringsfilets in etwa 2 cm breite Stücke schneiden. Apfel waschen, vierteln, entkernen und in 1/2 cm dicke Scheiben schneiden. Den Dill waschen, trockenschütteln und klein hacken. Die Crème fraîche mit dem Joghurt, etwas Meerrettich und Senf nach Geschmack verrühren. Alles mit Salz, Pfeffer und 1 Prise Zucker würzen. Die Sauce mit den Zwiebeln, Gurken, Hering, Apfel und Dill vermischen.
Den Heringsstipp vor dem Servieren mindestens 1 Stunde durchziehen lassen. Dazu schmecken Pellkartoffeln oder Schwarzbrot mit Butter.

Zubereitungszeit: 25 Minuten (plus Zeit zum Ziehen)

Pro Portion ca. 300 kcal/1260 kJ

15 g E, 22 g F, 10 g KH

Fisch-Kräuter-Plätzchen

Für 4 Portionen

250 g Kartoffeln
Salz
150 g frisches Fischfilet
Pfeffer
150 g geräuchertes Fischfilet
2 El gehackte Petersilie
3 El gehackter Dill
3 El Mayonnaise
Tabasco
Paniermehl
80 g Butter
2 El Crème fraîche
2 Tl gehackte Kapern
Saft 1/4 Zitrone
1 Prise Zucker

Zubereitungszeit: ca. 25 Minuten

(plus Backzeit)

Pro Portion ca. 252 kcal/1061 kJ

18 g E, 12 g F, 18 g KH

Den Backofen auf 200 °C (Umluft 180 °C) vorheizen. Die Kartoffeln schälen, waschen und grob gewürfelt in Salzwasser garen, anschließend abtropfen lassen.

Den Fisch salzen und pfeffern und in gebutterter Alufolie fest verpacken. Im vorgeheizten Backofen ca. 12–15 Minuten garen. Paket öffnen, den Saft zu den gegarten Kartoffeln geben und alles zerstampfen.

Räucherfisch häuten, entgräten und mit den Kartoffeln vermischen. Gegarten Fisch klein schneiden und ebenfalls darunter mischen. Die Hälfte der Kräuter und 1 El Mayonnaise hinzufügen. Mit Tabasco, Salz und Pfeffer würzen. 8 kleine Plätzchen daraus formen und in Paniermehl wenden, etwas andrücken.

Ein Backblech mit Backpapier belegen und mit 1 El Butter einfetten. Restliche Butter zerlassen, die Plätzchen damit bestreichen und auf das Blech legen. Im vorgeheizten Backofen bei 220 °C (Umluft 200 °C) ca. 20 Minuten knusprig braun backen.

Restliche Kräuter mit der Crème fraîche und der restlichen Mayonnaise vermischen. Die Kapern abtropfen lassen und unterrühren. Mit Salz, Pfeffer, Zitronensaft und Zucker abschmecken. Fischplätzchen mit der Kräutersauce servieren.

Tegernsee-Felchen

Für 4 Portionen

4 küchenfertige Felchen
Salz
4 mittlere Zwiebeln
1/2 Bund Kerbel
100 g Mehl
100 g Butter
1/2 Bund Dill
1/2 Bund Petersilie
750 ml saure Sahne
Pfeffer

Die Felchen waschen, trockentupfen und innen und außen mit Salz einreiben. Die Zwiebeln schälen und fein hacken. Kerbel waschen, trockenschütteln und hacken. Zwiebeln und Kerbel in die Fische füllen.

Mehl auf einen Teller geben und die Felchen darin wenden. Die Butter in einer großen Pfanne erhitzen, die Fische darin von allen Seiten etwa 20 Minuten braten und öfter wenden, bis sie gut mit Fett überzogen sind. Dill und Petersilie waschen, trockenschütteln und hacken. Fische aus der Pfanne nehmen und warm stellen. Die saure Sahne und die Kräuter zum Bratensatz geben und gut verrühren. Mit Salz und Pfeffer abschmecken. Felchen mit der Sahnesauce und Brot servieren.

Zubereitungszeit: 40 Minuten

Pro Portion ca. 675 kcal/2835 kJ

26 g E, 49 g F, 33 g KH

Forelle in Butter

Für 4 Portionen

4 küchenfertige Forellen
Salz
1/2 Bund Dill
50 g Butter
75 g Mandelblättchen
1/2 Bund Petersilie

Zubereitungszeit: 15 Minuten
(plus Bratzeit)
Pro Portion ca 320 kcal/1344 kJ
35 g E, 19 g F, 1 g KH

Die Forellen vorbereiten, innen und außen mit Salz einreiben und einige Dillzweige in den Bauch legen.
Die Butter in einer Fischpfanne oder normalen Pfanne erhitzen und die Fische hineinlegen. Nacheinander von allen Seiten etwa 7 Minuten braten. Dabei die Pfanne immer etwas schütteln, damit die Fischhaut nicht anbackt.
Nach dem Wenden die Mandelblättchen mit in die Pfanne geben und goldgelb anrösten.
Die fertig gebratenen Forellen auf einer vorgewärmten Platte anrichten und mit der Butter und den Mandelblättchen belegen. Petersilie klein reißen und dekorativ dazu legen. Dazu Kartoffeln reichen.

Fischteller mit Kräuter-sauce

Für 4 Portionen

600 g Spinat
2 Knoblauchzehen
2 El Sonnenblumenöl
300 g Seelachsfilet
Saft von 1/2 Zitrone
Salz
frisch gemahlener Pfeffer
200 g Lotte-Filet
6 Garnelenschwänze
125 g Butter
1 Zwiebel
250 ml trockener Weißwein
250 ml Gemüsebrühe
1 Tl Tomatenmark
1 Prise Cayennepfeffer
2 Bund gehackter Dill
1 Bund gehackter Schnittlauch
frisch geriebene Muskatnuss
Limetten, Sprossen und Kerbel zum Garnieren

Zubereitungszeit: ca. 30 Minuten
(plus Garzeit)
Pro Portion ca. 348 kcal/1460 kJ
41 g E, 14 g F, 7 g KH

Spinat putzen und waschen. Knoblauch schälen und klein würfeln, in 1 El Öl andünsten. Den Spinat tropfnass dazugeben. 3 Minuten mitdünsten und warm halten.

Seelachs mit Zitronensaft beträufeln, salzen und pfeffern, beiseite stellen. Lotte in Scheiben schneiden und auf beiden Seiten pfeffern und salzen. Garnelen längs durch den Panzer aufschneiden, den dunklen Darm entfernen, waschen und abtropfen. Anschließend leicht salzen und pfeffern.

3 El Butter mit 1 El Öl erhitzen. Fisch und Garnelenschwänze darin nacheinander ca. 5 Minuten von jeder Seite braten. Herausnehmen und warm halten.

Zwiebel schälen, klein würfeln und im Bratfett dünsten. Wein und Brühe angießen, auf die Hälfte einkochen lassen. Tomatenmark, Cayennepfeffer und restliche Butter in kleinen Stücken untermischen. Aufkochen und mit den Kräutern verrühren. Mit Salz und Pfeffer würzen.

Spinat anrichten und mit Salz und Muskat würzen. Fisch und Garnelenschwänze auf dem Spinat anrichten und mit Sauce beträufeln.

Mit Limetten, Sprossen und Kerbel garniert servieren.

Gespickter Hecht

Für 4 Portionen

1 Hecht (ca. 1 kg)
100 g fetter Speck
Salz
Pfeffer
100 g Butter
250 ml Schmand
1 El Estragon-Essig
Saft von 1/2 Zitrone
1/2 Bund Dill

Zubereitungszeit: 30 Minuten
(plus Garzeit)
Pro Portion ca. 573 kcal/2407 kJ
48 g E, 41 g F, 2 g KH

Den Hecht ausnehmen, schuppen und gut waschen. Trockentupfen und mit dem Messer rechts und links der Rückengräte im Abstand von 3 cm jeweils Einschnitte anbringen.
Den Speck in Stifte schneiden und den Hecht damit spicken.
Den Backofen auf 200 °C (Umluft 180 °C) vorheizen.
Den Fisch mit Salz und Pfeffer einreiben, Kopf und Schwanz zusammenbinden. Die Butter in einer Pfanne zerlassen und den Fisch darin bei geringer Temperatur etwa 25 Minuten garen. Dabei öfter mit der Butter übergießen.
Den Pfanneninhalt in eine feuerfeste Auflaufform geben, den Schmand hinzufügen und die Auflaufform mit Alufolie abdecken. Das Ganze im Ofen weitere 10 Minuten backen.
Den Hecht aus der Form nehmen und warm stellen. Die Sauce mit Essig und Zitronensaft verrühren und abschmecken.
Den Dill waschen, trockenschütteln und fein hacken. In die Sauce geben.
Den Hecht in Portionsstücke zerteilen und mit der Sauce, Kartoffeln und Salat servieren.

Register